AF266917

DE
L'ILE SAINTE-HÉLÈNE,
ET DE
BUONAPARTE.

Essai contenant la Description et la Statistique de l'île Sainte-Hélène, un Précis historique sur la Navigation de la mer Atlantique, des vues commerciales et politiques sur cette Colonie, et des Réflexions sur le sort futur de Buonaparte.

PAR M. TOULOUZAN DE SAINT-MARTIN,

*Un des auteurs de l'*Essai sur l'Histoire de la Nature.

Devant lui se taisoient les Rois respectueux :
Cet immense colosse, élevé par la guerre
　　Au trône de la terre,
Tombe, et n'est plus déjà qu'un nom jadis fameux.

GILBERT, *Ode à* MONSIEUR, *sur son Voyage
en Piémont*, 6e st.

PARIS,

LE NORMANT, IMPRIMEUR-LIBRAIRE.

1815.

DE

L'ILE SAINTE-HÉLÈNE,

ET

DE BUONAPARTE.

Heureux l'historien, et plus heureux les peuples, si la célébrité ne s'attachoit qu'à la vertu ! Mais, il faut le dire, l'homme célèbre n'est pas toujours le grand homme, et presque jamais l'homme vertueux. Un penchant naturel nous entraîne vers le mal ; celui qui a le cœur assez droit pour ne pas le commettre, n'a jamais l'esprit assez sage pour vouloir l'ignorer. Aussi, faut-il peindre les vices des hommes pour les ramener à la vertu.

Les bienfaiteurs de l'humanité trouvent à peine une place dans les recueils d'anecdotes ; si la chronologie nomme les bons Rois, ce n'est que pour remplir les dates ; et l'histoire, si éloquente pour publier les malheurs des nations, reste muette devant un peuple heureux au sein de la paix et de l'abondance. Que savons-nous des ancêtres de Sésostris et des prédécesseurs de Charlemagne? Les Rois pasteurs de l'Egypte et les Rois fainéans de la France, sont également plongés dans l'oubli, et la postérité leur a fait un crime d'avoir vécu sans ambition, comme si le bonheur des sujets dépendoit de la gloire du monarque. Mais qu'un conquérant ravage la terre, qu'un conspirateur trouble la tranquillité de l'Etat, qu'un chef de parti foule aux pieds les droits les plus sacrés de l'humanité, plus le crime sera inouï, plus le criminel paroîtra grand, et plus sa renommée percera dans les âges futurs.

Ce n'est rien encore : tandis que l'homme de bien reste ignoré dans sa retraite, une curiosité inquiète s'attache aux pas de l'homme célèbre; ses plus grandes actions sont accompagnées des plus petites circonstances; tout en lui retrace des souvenirs, et rien ne les efface dans les autres; sa funeste célébrité rejaillit sur les temps, sur les lieux, sur les hommes mêmes. Sans les débauches de Tibère, qui d'entre les Romains auroit connu l'île de Caprée? Sans les attentats de Napoléon, qui de nous auroit porté ses regards vers les rochers de Sainte-Hélène?

Terre, tu réclames en vain son supplice! Celui qui ne respecta rien dans sa prospérité, est encore respecté dans sa disgrâce. La politique du siècle est comme les mœurs du temps. Elles propagent le mal sous des formes décentes, et le désir de faire le bien n'est jamais assez fort

pour les déterminer à franchir ces inutiles barrières. Puisse l'humanité n'avoir plus à gémir de
ces principes séduisans, dont nous avons si
souvent fait une triste expérience ! Si l'auteur de
nos infortunes trouve un asile entre les deux
Mondes qui le rejettent, espérons plus dans les
rochers de Sainte-Hélène que dans ceux de l'île
d'Elbe.

Puisque ce rocher, jusqu'à ce jour presque
inconnu, est appelé maintenant à une funeste
célébrité, j'ai cru que le public me sauroit
quelque gré de lui offrir les faits que j'ai pu
réunir sur l'île Sainte-Hélène, et que j'ai puisés
dans les auteurs anglais les plus récens. Je divise
ce petit essai en deux parties : la première est
consacrée à la description de l'île Sainte-Hélène ;
la seconde, à des considérations sur les rapports
commerciaux et politiques.

PREMIÈRE PARTIE.

L'ILE Sainte-Hélène fait partie d'une chaîne sous-marine et volcanique qui commence à l'île Tristan-d'Acunha, vers le trente-septième degré de latitude, et qui se continue par Sainte Hélène, l'Ascension, les îles du cap Verd, les Canaries, Madère, les Açores, l'Archipel britannique et celui de Féroër jusqu'en Islande, située sous le cercle polaire du Nord. Cette chaîne, selon l'opinion de plusieurs voyageurs, auroit été détachée de l'ancien continent par quelque grande commotion et par un affaissement gradué ; elle auroit plongé sous les eaux, en ne laissant percer au-dessus que les sommets des plus hautes montagnes.

La nature volcanique de cette chaîne est aujourd'hui une vérité incontestable. Un grand nombre d'îles lancent encore des feux, et éprouvent des changemens remarquables. Toutes les autres sont, sans exception, des volcans éteints dont les anciennes éruptions ont laissé des traces évidentes.

Il paroît que pour entretenir le feu des volcans, il faut des conditions requises, des dispositions nécessaires qui, venant à changer, détruisent le lien et le concours des agens de ce grand et terrible phénomène. En premier lieu, la nature du terrain doit être schisteuse et les roches comme feuilletées, afin que les eaux de l'Océan puissent filtrer à travers et se débarrasser des sels qu'elles tiennent en dissolution ; ces sels, décomposés ensuite par l'action de l'air qui pénètre la masse de la montagne, et par l'attraction des différentes terres ou oxides, établissent un foyer de chaleur qui s'accroît par l'incendie des matières combustibles, et qui provoque l'éjection des matières embrasées. En second lieu, les terres doivent présenter une masse et une élévation considérables, afin que tout soit proportionné à la puissance des agens et à la grandeur du phénomène.

La première disposition se remarque dans toute la chaîne ; mais la seconde ne subsiste que sur quelques points, c'est-à-dire, dans les archipels élevés comme les îles du cap Verd, les Canaries, les Açores, etc., où l'on voit plusieurs volcans embrasés. Les îles détachées, telles que l'Ascension, Sainte-Hélène et Tristan-d'Acunha, ne sont plus que des volcans éteints.

L'Ascension est à deux cents lieues nord-ouest de Sainte-Hélène, vers les sept degrés quarante minutes de latitude sud. Ce n'est qu'un rocher basaltique, qui peut avoir sept lieues de long, et qui est surmonté de quelques sommets inégaux et peu élevés. Sa surface aride présente une teinte diaprée de rouge et de noir ; ses côtes sont escarpées ; quelques plages sablonneuses s'étendent entre les rochers. Un port sûr et commode offre un lieu de relâche aux vaisseaux dans la longue route qu'ils suivent pour aller et revenir des mers d'Europe dans les Indes orientales.

La nature, toujours prodigue, même dans sa stérilité, conduit sur ces rivages déserts des troupeaux de tortues qui, dans certaines saisons, abandonnent leurs prairies sous-marines pour venir déposer leurs œufs dans le sable, dont la chaleur doit les faire éclore. Ces innocens animaux, perdus dans l'immensité des mers, et garantis de la dent meurtrière des poissons voraces par l'écaille dure et épaisse qui les recouvre, trouvent dans l'homme un implacable ennemi, qui se repose sur eux du soin de sa subsistance dans sa longue et périlleuse navigation. A l'approche de la nuit, les tortues s'élèvent des abîmes de l'Océan, et se dispersent sur la grève. Au moindre bruit, l'animal se cache sous son toit protecteur. Espérance vaine ! il devient la proie du matelot sans pitié, qui entasse avec joie ce précieux butin.

L'île de l'Ascension offre d'autres ressources. Tous les soirs les oiseaux de mer viennent s'y reposer des fatigues de la pêche. Les mouettes plaintives, les goëlands voraces, les fous stupides se rassemblent pêle-mêle sur cet écueil inhabité, et font retentir les airs de leurs clameurs bruyantes. A l'équinoxe d'automne, qui est celui du printemps pour le monde austral, on ne peut faire un pas sur les rochers de l'île sans écraser des œufs, tant ils y sont nombreux et rapprochés ; nouveau sujet de reconnoissance pour le marinier épuisé de fatigue et dévoré du scorbut.

Tous les vaisseaux qui relâchent à cette île laissent des souvenirs de leur passage. Ce sont des lettres enfermées dans des bouteilles, que l'on confie au sable du rivage. Ainsi ce rocher, séparé de toute terre par des plages immenses, fournit une nourriture aussi saine qu'abondante, et sert de rendez-vous et de point de ralliement aux flottes des deux Mondes. Dépositaire des secrets de toutes les nations, il verse un baume consolateur dans le sein de ces hommes cosmopolites, toujours éloignés des objets de leur affection , et toujours ramenés vers eux par le sentiment de leurs peines et de leurs souffrances.

Les vaisseaux anglais sont les seuls qui ne s'arrêtent point à l'Ascension ; ils poursuivent leur route jusqu'à Sainte-Hélène , située par les quinzième degrés cinquante-cinq minutes de latitude sud , et les huitième degrés neuf minutes à l'ouest du méridien de Paris, à quatre cents lieues de la côte d'Afrique et à six cents de celle de l'Amérique. Dans le lointain , elle se dessine comme un plateau circulaire, sur lequel seroit posé obliquement un rocher conique un peu tronqué. A mesure qu'on approche, on voit dans toute la circonférence de l'île des monticules d'une pente rapide et comme taillés à pic. A quelque distance , on les prendroit pour des obélisques inégaux rangés autour d'une pyramide centrale qui les domine, et qui, par sa teinte rembrunie, fait ressortir leur couleur rougeâtre. Sur ce sol nu et brûlé, on n'aperçoit aucune trace de verdure ; des pointes anguleuses et menaçantes s'avancent comme des rayons dans tout le contour de l'île. La mer tranquille dans les parages d'alentour, vient se briser avec fracas contre les rocs escarpés de la côte.

Cet escarpement n'est interrompu que sur un seul point ; c'est du côté de l'orient, vis-à-vis la côte d'Afrique. Là s'ouvre une baie oblongue, formée par des montagnes nues, rapides et sillonnées par les eaux, qui s'élèvent comme un rempart à plus de cent toises de hauteur. L'entrée de cette baie est assez difficile, à cause des vents du sud-est qui soufflent constamment, et qui repoussent les vaisseaux pour peu qu'ils portent au-dessus de l'île. A la base des montagnes qui enferment la baie, les flots brisent et s'engouffrent, en mugissant, dans des grottes sombres et profondes. Le fond de la baie se resserre et se termine par un ravin escarpé, traversé dans toute sa longueur par un torrent rapide et écumeux, qui se précipite des hauteurs du centre.

Cette baie portoit le nom de *Chapel-Valley-Bay*, à cause d'une chapelle bâtie par les Portugais sur les bords du torrent. Depuis quelques années, elle est appelée *Baie de James-Town*, du nom de la ville fondée par les Anglais.

Des batteries, à fleur d'eau, bordent les deux côtés de la rade, et leur feu, qui se croise, interdit l'approche de la ville. Une terrasse très-élevée s'étend entre les batteries, et ferme l'ouverture du ravin. A gauche, elle laisse un passage aux eaux du torrent; à droite, elle borde un bassin creusé dans le roc pour l'approche des vaisseaux, et pour leur radoub. Sur cette terrasse, on a planté une allée de figuiers, dont le vaste feuillage cache, presque en entier, la ville de James-Town, dont on ne distingue que quelques maisons et une haute tour carrée.

Des chemins étroits et tortueux sont taillés dans le roc, des deux côtés du torrent, et communiquent avec les batteries de la rade. L'un de ces chemins, situé sur la droite, conduit, par de fréquens détours, à une forteresse bâtie au sommet de la pointe orientale de l'île. Cette forteresse, élevée de plus de cent toises au-dessus du niveau de la mer, défend l'entrée de la rade, et est munie d'une nombreuse artillerie.

Les pentes rapides du ravin sont interrompues par des terrasses superposées, taillées dans le roc, et bordées de murs en pierres sèches percées de trous pour l'écoulement des eaux pluviales. Ces terrasses supportent des jardins factices et obtenus à force d'art. Dans la partie supérieure, la nudité du roc n'est couverte que, sur quelques points par des touffes de soude frutescente, dont les tiges frêles, et d'un vert foncé, contrastent avec la teinte rougeâtre du roc.

On diroit que le Tasse a puisé, dans ce paysage, les couleurs dont il s'est servi pour peindre le séjour délicieux que l'art magique d'Armide sut préparer à Renaud au milieu des rochers arides des îles Fortunées. La nature et l'art y sont en opposition constante. L'une, dans sa marche régulière et continue, semble avoir oublié cet écueil, et l'a voué à une éternelle stérilité ; l'autre, par ses soins assidus, a interverti cette destination primitive, et a fait, de ces lieux d'horreurs, un séjour enchanté. Le commerce qui tourne tout à son profit, conduisit l'homme sur cette terre inhospitalière ; il s'y établit pour offrir des secours aux navigateurs égarés dans le vaste océan ; bientôt l'industrie l'embellit de ses travaux. Orgueilleux aujourd'hui de sa conquête, l'insulaire recueille le fruit de ses sueurs ; et loin du tumulte du monde, il jouit en paix des dons qu'il ne doit qu'à lui, et qui deviennent plus chers par le souvenir de ce qu'ils lui ont coûté.

Le commerce anglais, toujours vigilant et soupçonneux, n'ouvre les trésors cachés dans cette terre stérile, qu'aux vaisseaux britanniques. Si, par un besoin pressant, des navigateurs étrangers relâchent à Sainte-Hélène, ils doivent se résoudre à subir des conditions aussi humiliantes pour l'homme que pénibles pour l'humanité.

Un vaisseau étranger mouille dans la baie de James-Town ; aussitôt le gouverneur envoie des émissaires qui prennent des renseignemens minutieux sur le navire et la cargaison. On n'accorde rien, jusqu'à ce qu'on sache tout. Lorsqu'enfin, sous aucun prétexte, on croit ne pouvoir refuser des secours que l'humanité réclame, on permet au capitaine de prendre terre. La chaloupe s'avance, sans savoir où il lui sera permis d'aborder ; elle passe au milieu des batteries hérissées de canons, et voit se déployer, en pleine paix, l'appareil formidable de la guerre. Une sentinelle, postée sur un rocher, désigne de la main le débarcadaire. Le silence n'est interrompu que par le bruit lent et mesuré des rames. On arrive dans un bassin creusé dans le roc par un long et pénible travail, au pied de la terrasse qui ferme le ravin. Les eaux de ce bassin sont dans une perpétuelle tranquillité, et leur surface unie réfléchit et la verdure des figuiers, et l'ombre des montagnes.

Une partie du roc, taillée en talus glissant et rapide, offre un seul endroit pour le débarquement. Lorsqu'avec difficulté on a mis pied à terre, on ne sait point encore comment on pourra sortir de cette espèce de prison entourée de murs élevés, et de rochers à pic qui ne laissent du jour que du côté de la rade et des batteries. Des soldats se présentent ; ils conduisent les étrangers par un sentier étroit qui contourne le bassin, dans un chemin couvert ménagé dans l'épaisseur de la terrasse. Une porte voûtée et étroite, qui termine ce long souterrain, donne entrée dans la ville. Alors on voit avec surprise une vaste place, proprement pavée et bordée de maisons d'une blancheur éblouissante.

Du côté de la mer, cette place est bornée par

la terrasse qui sert de contrefort au remplissage
que l'on a fait pour niveler le sol, dont l'élévation est de trente ou quarante pieds au-dessus du
niveau de la mer. Sur la terrasse, il y a des bâti-
mens qui n'ont qu'un étage, et qui servent ou
de magasins ou d'ateliers. Ils sont renfermés
entre des allées épaisses de figuiers qui, de loin,
ressemblent à des peupliers (1). En face, et dans
le fond de la place, les maisons s'étendent sur
une ligne qui occupe toute la largeur du ravin,
et qui, au rapport des voyageurs anglais les plus
modernes, doit avoir près d'un quart de lieue de
longueur.

Les maisons des particuliers, toutes réunies
dans la partie du sud, sont à deux étages, très-
proprement blanchies et recouvertes en tuile
rouge. Dans la partie du nord, on remarque
l'hôtel du gouverneur et l'église. L'hôtel est d'une
architecture simple, mais de bon goût, et sa
façade est d'une grande étendue. L'église, bâtie
dans l'origine par les Portugais, étoit tombée en
ruines, lorsqu'en 1769, le capitaine Carteret
relâcha à Sainte-Hélène. Depuis, elle a été rebâtie
dans un goût moderne, et on y a ajouté une tour
carrée qui sert de vedette, et répond aux signaux
de la forteresse. En général, toutes ces construc-
tions, ainsi que les ouvrages de défense, datent
de 1763, époque où le capitaine Munden reprit

---

(1) Ces figuiers sont de deux espèces : le *ficus religiosa*, et le
ficus benjamina, Linn.

la colonie de Sainte-Hélène, dont les Hollandais s'étoient emparés. Auparavant, ce n'étoit qu'un mauvais village presque sans défense, et où les habitans de l'île ne se rendoient qu'au temps où les flottes de la compagnie des Indes venoient se ravitailler. Munden, qui sentit toute l'importance de cette colonie, obtint de la compagnie des sommes considérables qu'il employa à des travaux utiles; et les gouverneurs qui lui ont succédé ont achevé de faire prosperer l'établissement.

Entre l'église et la terrasse, il y a un vaste corps-de-garde, au-devant duquel sont quatre pièces de canon de bronze, servies par cent hommes de service journalier, et toujours prêts à faire leur devoir. A l'est de ce corps-de-garde, on a construit une halle fort vaste qui sert de marché, et qui communique avec des hangars pour la construction navale, situés tont près du bassin où est le débarcadaire.

Le jardin de la compagnie est au-devant de l'église, sur l'alignement du corps-de-garde; il s'étend, du côté du bassin, jusqu'au pied de la montagne. Il est fort vaste, entouré de grilles, et soigneusement entretenu. Les allées sont de figuiers et de bambous, et les bordures de pervenche-rose. On y trouve la plupart des arbres fruitiers de l'Asie et de l'Afrique; beaucoup de plantes médicinales et de légumes (1).

____

(1) M. Bory de Saint-Vincent a remarqué dans ce jardin les plantes suivantes : le bonnet carré, *barringtonia speciosa.* — Le

Ce jardin est principalement destiné à acclimater les végétaux exotiques; et les habitans ont la faculté d'y venir chercher ceux dont ils ont besoin pour leurs plantations.

L'île appartient à la compagnie des Indes. Elle confie ses intérêts à un gouverneur, un député-gouverneur et un garde-magasin, auxquels elle donne des appointemens fixes, et un traitement considérable qui permet au gouverneur d'admettre à sa table tous les officiers de la garnison, les étrangers et les capitaines marchands. Cette table est toujours dressée dans une salle spacieuse du château, qui, au besoin, pourroit contenir plus de cent convives. Elle est copieusement servie, et on y fait d'amples libations de Madère, de Porto et de Clairet.

L'autorité civile et militaire est tout entière entre les mains du gouverneur; mais elle est contenue par la surveillance du député-gouverneur, qui est l'homme de confiance de la compagnie. Le garde-magasin ne rend compte de son administration qu'à la compagnie. Il est l'arbitre de tous les traités qui se font entre les capitaines marchands et le gouverneur représentant alors les habitans de l'île. Cet emploi est limité dans ses profits, par des inspecteurs qui, toutes les

---

manguier, mangifera indica. — La mimosa nilotica. — Le nourouk, erythrina corallolendrum. — Le badamier, terminalia catalpa. — Le bambou. — Le cassia fistula. — Le piment. — La pervenche. — L'azedarac. — Des figuiers, des stramoines, des belles-de-nuit, etc.

années, viennent vérifier les comptes. L'établissement a coûté des sommes immenses à la compagnie ; non seulement elle n'est pas couverte de
ses avances, mais encore les revenus qu'elle en
retire sont toujours au-dessous des besoins. Cependant, elle ne néglige rien pour la prospérité
d'une colonie qui, onéreuse dans les intérêts particuliers, concourt puissamment à l'intérêt général du commerce, par sa position et les secours
qu'elle seule peut offrir à la navigation des vaisseaux de l'Inde.

D'après les calculs les plus exagérés des auteurs anglais, James-Town contient trois cents
familles, la plupart transportées d'Angleterre
après la conquête du capitaine Munden. La garnison, y compris celle du fort, peut s'élever à
quinze cents hommes. Cette population de la
ville, qu'il faut distinguer de celle de l'île, n'est
composée que d'artisans et de commerçans. Les
premiers sont presque tous aux gages de la compagnie ; les seconds sont les agens d'un commerce
d'échange entre les habitans de la ville et ceux
de l'intérieur de l'île.

Cette dernière population peut s'élever au
plus à six mille âmes. Elle est formée des descendans des premiers colons anglais mêlés avec des
Hollandais et des mulâtres libres. L'île est divisée
en plusieurs propriétés qui paient redevance à la
compagnie. Chaque propriétaire a un certain
nombre d'esclaves nègres ou malais, chargés de
la culture des terres. Cette culture est extraor-

dinairement pénible dans l'établissement d'une nouvelle plantation. Il faut d'abord creuser le roc, et le taillader, pour permettre aux racines de s'étendre et de se fixer; ensuite la terre, qu'on est obligé d'aller chercher sur les côtes d'Afrique, est transportée à grands frais dans le sol préparé, et ce terrain factice exige des soins continus, dont le fruit est toujours tardif et incertain.

Pour avoir des prairies, on cultive pendant plusieurs années des arbustes qui croissent dans les terrains secs, entre autres, le *landier du cap* (*ulex capensis*). Lorsqu'ils fournissent assez d'ombre, on sème du gazon et du trèfle, et après quelques récoltes, on coupe les arbustes, dont le bois sert à brûler. Avant le capitaine Munden, tous ces travaux se faisoient à force de bras, et sans le secours des machines les plus nécessaires. Maintenant, on a beaucoup perfectionné l'agriculture, et on nourrit un petit nombre de chevaux qui servent à transporter les fardeaux pesans.

A entendre les Anglais, l'intérieur de l'île est un paradis terrestre. Ce rocher inaccessible dans son contour, est agréablement diversifié au centre par des monticules et des coteaux couverts d'habitations et de jardins; des eaux abondantes et limpides tombent des rochers et arrosent le fond des vallées, aujourd'hui métamorphosées en prairies; là croissent les plantes des deux Mondes, les fruits les plus exquis et les fleurs les plus suaves ; l'air est si pur et le climat si égal , que les malades y recouvrent la santé en peu de temps. Dans sa tranquille retraite, embellie par ses soins, et préparée de ses mains, l'habitant de Sainte-Hélène demeure étranger aux révolutions de la terre ; les vicissitudes de la vie semblent ne devoir jamais l'atteindre ; son bonheur n'est pas vif, mais il est continuel : c'est un patriarche au milieu de ses frères, de ses amis et de ses serviteurs ; toutes les familles unies par des alliances et des adoptions, vivent dans une constante harmonie que rien ne sauroit troubler. Bornés dans leurs desirs, simples dans leurs goûts, innocens dans leurs jouissances, la paisible existence de ces heureux mortels s'écoule lentement dans une perpétuelle félicité.

Ah ! vous ne savez pas que le perturbateur du Monde va souiller de son odieuse présence cette terre d'innocence et de bonheur ! Qu'une fatale curiosité ne vous rassemble point autour de sa prison ! que nous serions heureux de pouvoir partager votre ignorance ! conservez-la comme un précieux trésor. Les lumières dont nous étions si avides, n'ont fait que répandre un jour lugubre sur ce vaste empire, si orgueilleux de sa puissance et de ses richesses. Celui qui alluma le flambeau de nos discordes, échappe encore une fois à la fureur de notre désespoir. C'est au milieu de vous qu'il trouve un asile : puisse-t-il ne jamais troubler les douceurs de

votre vie , et que l'aspect de votre félicité fasse
pour toujours le supplice de son cœur !

Les saisons à Sainte-Hélène sont inverses de
celles d'Europe : on n'y distingue , comme dans
tous les pays de la zone torride , que la saison
sèche et la saison humide ; la première commence en décembre et finit en mai ; la seconde
remplit le reste de l'année ; mais les pluies ,
quoique fortes et fréquentes , sont de peu de
durée , et ne sont que passagères ; elles causent
toujours des ravages considérables sur ce sol
artificiel qui sollicite sans cesse l'industrie de
l'homme. L'été , la chaleur est forte dans l'intérieur de l'île , et l'hiver , le froid est assez rigoureux , mais à James-Town le temps est toujours
tempéré , à cause du courant d'air qui circule
sans cesse dans le ravin qu'on peut comparer à
un siphon. Cependant les habitans riches vont
passer l'été à la campagne ; le gouverneur quitte
alors la ville , et va habiter une jolie maison de
plaisance située au centre de l'île , et entourée
de jardins charmans.

Quoique l'île soit assise sur un terrain volcanique , et qu'elle ne soit recouverte que des dé-
bris des anciennes éruptions , elle n'éprouve
plus aujourd'hui les fléaux des feux souterrains.
Les ouragans , si funestes dans les autres îles
de la zone torride , respectent celle de Sainte-
Hélène. L'air, toujours pur et serein , n'est mo-
mentanément obscurci que par des nuages qui
se dissipent aussitôt qu'ils ont versé les pluies

dont s'alimentent des sources nombreuses. On n'y connoît pas non plus ces insectes destructeurs qui anéantissent l'espoir du cultivateur. Il n'y a d'autres animaux nuisibles que des serpens et des rats. Les premiers paroissent indigènes, et ne se tiennent que sur les hauteurs ; les seconds ont été apportés par les vaisseaux d'Europe, et se logent dans les rochers des environs de James-Town ; ils causent beaucoup de ravage, et on n'a pu parvenir à les détruire.

L'île nourrit beaucoup de cochons, des bœufs, des chevaux, des chèvres, et quantité de volaille très-estimée pour la délicatesse de sa chair. Il est remarquable qu'on ne voie que très-peu de volatiles à l'île Sainte-Hélène. Les oiseaux de mer, qui y étoient fort communs lorsque les Portugais y abordèrent, se sont enfuis à l'île de l'Ascension et à celle de Tristan-d'Acunha, depuis que l'homme a pris possession de ce domaine. Mais en revanche la baie est extrêmement poissonneuse, et la pêche est une branche considérable d'industrie pour les habitans de James-Town.

Les patates et les ignames font la principale richesse de l'île, et la principale nourriture des colons. Toute la farine qu'on apporte vient d'Angleterre, et ne sert guère qu'à la table du gouverneur. Le maïs réussit très-bien ainsi que toutes les espèces de légumes. Les meilleurs fruits et les plus communs sont les figues, les bananes et les raisins. En général tous les végétaux qu'on cultive sont exotiques ; il n'y a peut-être pas dix espèces qui soient indigènes. Avant l'établissement des Anglais, l'île étoit entièrement nue, et ne présentoit qu'une surface brûlée où étoient clair-semées quelques touffes de plantes grasses et juteuses. Maintenant toutes les espèces utiles de l'Europe, de l'Inde et de l'Afrique, y sont cultivées avec succès. Les choux-palmistes se sont excessivement multipliés sur les hauteurs, et on les préfère à ceux du cap de Bonne-Espérance. Il croît sur tous les coteaux des bois rouges, des gommiers et des acacias. On a essayé depuis peu de propager l'olivier, et on espère que cette culture réussira. Le gouvernement ne néglige rien pour accroître les richesses de l'île, et les colons se font un devoir de seconder ses efforts.

On brûle beaucoup de charbon de terre à Sainte-Hélène : je n'ai pu découvrir dans aucun auteur si ce bitume étoit une production de l'île, ou s'il étoit apporté du dehors. Un officier anglais, qui a fait partie de la garnison de James-Town, et qui est actuellement à Paris, m'a assuré qu'il y a du côté de l'ouest une mine considérable de houille. J'ai d'autant moins de peine à le croire, qu'il n'est guère probable qu'on transporte d'Angleterre une denrée de si peu de valeur à de si grandes distances. Les habitans trouveroient plus d'avantage à aller charger du bois sur la côte d'Afrique à l'embouchure de la rivière Orange, où il y a des forêts très-épaisses, et qui n'ont point encore été exploitées.

Ce fait est d'une grande importance en matière de géologie : il tendroit à faire croire que
l'île Sainte-Hélène a fait jadis partie d'une grande
terre couverte de bois , puisque la houille n'est
qu'une production végétale convertie en bitume
minéral par l'action des acides sur le tissu li-
gneux. Ce bitume a dû être déposé par l'océan
dans des temps très-anciens , conjointement avec
des matières calcaires; ce n'aura été qu'à une
époque postérieure et après l'entier abaissement
des mers , que le volcan du centre de l'île se sera
embrasé. Les éjections auront recouvert sa surface de laves et de scories , et l'affaissement des
terres d'alentour , en diminuant la masse de l'île ,
aura fait cesser le volcan dont on voit aujour-
d'hui encore le cratère au sommet de la montagne centrale.

Comme une plus longue dissertation géolo-
gique seroit ici déplacée , je passe au commerce
de l'île , et aux secours qu'elle fournit aux vaisseaux de la compagnie des Indes. Ce commerce
n'est proprement qu'un échange ; les habitans
de James-Town accumulent d'avance dans leurs
magasins les productions de l'intérieur , et s'établissent comme courtiers entre les marchands et
les colons. Lorsque les flottes arrivent , les capitaines se rendent chez le gouverneur avec le
garde-magasin , et là on fixe d'un commun ac-
cord le prix des denrées , en prenant pour base
l'état de la récolte. Dès ce moment le marché
qui se tient sous la halle est journellement fourni

de bœufs, de cochons, de volailles, d'ignames et de patates, de légumes et de fruits ; on donne en échange des chemises, des vêtemens, des étoffes des Indes, du vin, des eaux-de-vie, du sucre et de la farine. Le garde-magasin préside à ces échanges, et règle tous les différends. En général ce commerce est tout à l'avantage de l'île, et procure de grands bénéfices aux habitans de la ville ; mais aussi les vaisseaux des Indes ne sauroient acheter trop cher des secours nécessaires et abondans.

Ce commerce a bien diminué dans ces dernières années, depuis que le cap de Bonne-Espérance est tombé au pouvoir des Anglais. Ce port offrant infiniment plus de ressources et de commodités, a attiré toutes les flottes qui se rendent dans l'océan indien, et Sainte-Hélène n'a pu soutenir la concurrence. La compagnie avoit négligé un peu ce dernier établissement : néanmoins le gouvernement a depuis peu tourné son attention sur une colonie qui lui a coûté tant de travaux, et lui a rendu de si importans services. Il a prévu qu'elle pourroit lui en rendre encore, et il en a fait un point de station pour les vaisseaux qui naviguent dans l'Océan atlantique du sud. De plus, c'est dans cette île qu'il fait transporter les malades des différentes colonies, et ces nouvelles dispositions ne sont pas restées sans succès.

Tels sont à peu près les seuls renseignemens qu'il a été possible de recueillir sur la statistique

de l'île Sainte-Hélène. Sa possession étoit si in-
téressante pour les Anglais, qu'il leur importoit
de laisser les nations étrangères dans une com-
plète ignorance sur l'état de cette colonie. Aussi
la notice que nous en donnons, quoiqu'impar-
faite à bien des égards, a-t-elle exigé des recherches longues et minutieuses pour amasser
les faits épars dans une foule de voyageurs qui,
n'ayant séjourné que peu de jours à Sainte-Hélène, ne nous en ont presque rien appris.

DEUXIÈME PARTIE.

Errans et dispersés sur la vaste surface du globe, les peuples ne se sont connus et fréquentés que peu à peu, et la plupart ont existé pendant une longue suite de siècles sans se douter même qu'ils eussent des voisins. Dans cet état d'enfance, les connoissances géographiques ne présentoient aucun ensemble; chaque région formoit comme un monde à part, plus ou moins étendu, selon la nature des lieux et le caractère des hommes. A la fin les conquêtes des Rois agrandirent certains États ; les voyages des marchands mirent en relation des peuples différens d'origine, de mœurs et de langage, et les métropoles, devenues riches et populeuses, envoyèrent des colonies sur les bords de la mer, afin d'accroître et d'assurer la prospérité de l'Empire par le commerce et la navigation. La Méditerranée, par sa position, dut attirer sur ses rivages une multitude d'habitans, et solliciter leur industrie par les facilités qu'elle leur offroit. Les Grecs, formés du mélange des colonies de l'Asie, de l'Europe et de l'Afrique, profitèrent des lumières éparses dans ces trois parties du Monde, et réunirent, en les combinant, toutes les

notions acquises jusqu'alors par hasard, et de-
meurées presque sans utilité à cause de leur
dispersion.

De là naquit un système de connoissances qui
fut le premier fonds de richesses pour l'esprit
humain; des rivages de la Grèce il vit, par degrés, se déployer à ses yeux l'immensité du
globe. Le monde d'Homère, renfermé dans d'é-
troites limites, s'agrandit successivement, tantôt
par des conquêtes, tantôt par des découvertes ;
et, changeant plusieurs fois de maître, il se
montra enfin sous sa véritable forme, lorsque
Vasco de Gama et Christophe Colomb vinrent
briser les barrières d'une navigation long-temps
craintive et incertaine.

Ce n'est pas à nous qu'il appartient de présenter le tableau des nations civilisées travaillant
sans relâche à la découverte des parties du monde,
par l'accroissement progressif de la navigation.
Nous devons borner nos recherches aux différentes expéditions faites dans l'Océan atlantique,
depuis les Carthaginois jusqu'aux Portugais.

Carthage, fondée par une colonie de Phéni- 884 av. J. C
ciens sur les côtes de Barbarie, non loin du
rivage qu'occupe aujourd'hui la ville de Tunis,
devint en peu de temps la rivale de Tyr, sa métropole, et étendit beaucoup plus loin son commerce et sa navigation. Dans les beaux siècles
de sa gloire, ses flottes, non contentes de l'empire de la Méditerranée, franchirent les colonnes
d'Hercule, et ne craignirent pas de se hasarder

sur le vaste océan qui baigne le pied de l'Atlas. Au nord, elles alloient chercher l'étain dans les îles cassitérides, que nous appelons aujourd'hui *britanniques* ; au midi, elles fondoient des établissemens sur la côte d'Afrique qui, chaque jour, leur montroit une plus vaste étendue.

485 av. J. C. Le plus ancien monument qui nous reste de la navigation des Carthaginois dans l'Atlantique, est le Périple d'Hannon, espèce de journal dont un auteur grec nous a transmis quelques fragmens. Hannon, amiral carthaginois, fonda plusieurs villes sur la côte de Mauritanie, et s'avança jusqu'à l'île des Gorilles, dont la position est encore incertaine, mais qui doit être fixée, approximativement, aux environs du tropique. Dans des voyages postérieurs, les Carthaginois eurent connoissance de plusieurs îles situées à l'occident ; et, si on doit s'en rapporter à Diodore de Sicile, ils projetèrent même d'y transporter le siége de leur puissance, lorsqu'elle étoit près de succomber devant celle des Romains. Ce trait rappelle celui des Hollandais, qui, vaincus et humiliés par Louis-le-Grand, avoient résolu, plutôt que de se soumettre, d'aller habiter, avec toutes leurs richesses, à Batavia.

Il paroît, d'après quelques nouvelles recherches faites par des auteurs du Nord, que ces îles, connues des Carthaginois, étoient les Açores. On y a trouvé des médailles carthaginoises et des statues colossales, qui ne peuvent être que l'ouvrage d'un peuple industrieux, comme devoit être

une colonie de Carthage. C'est d'après les notions
vagues que les Grecs eurent de cette colonie,
par le moyen des Egyptiens, que Platon imagina
sa brillante fiction de l'île Atlantide, qui a
exercé bien inutilement l'esprit hypothétique des
géologues, toujours ardens à recueillir les tradi-
tions qui peuvent accréditer leurs systèmes.

D'un autre côté, soit que les Carthaginois
eussent poussé leur navigation jusqu'aux îles
Canaries, soit que les peuples de la Mauritanie
en eussent entendu parler, les Grecs, obligés de
transporter plus loin le monde fabuleux d'Homère, depuis que la Méditerranée avoit cessé
d'être un océan, reléguèrent la demeure des
bienheureux dans ces îles éloignées, qui offroient
un vaste champ à leur goût pour le merveilleux.
C'est d'après cette opinion que les îles Canaries
furent appelées alors *Iles Fortunées*, et qu'on y
transporta le jardin des Hespérides avec toutes
les fables des Champs-Elysées.

La chute de Carthage replongea tout dans 75 av. J. C.
l'oubli. Au temps où le fameux Sertorius avoit
déployé l'étendard de la rébellion en Espagne,
les Romains eurent quelques notions sur les îles
occidentales ; elles ne prirent un certain degré
de certitude que par la courte description de
Juba, roi de Mauritanie, rapportée par Pline,
dans laquelle on voit, pour la première fois, le
nom de *Canaria* donné à une des îles Fortunées,
et ensuite à tout l'archipel.

Les Romains, maîtres du monde civilisé,

ayant succombé sous les efforts des peuples bar-
bares, le souvenir des îles Canaries s'effaça
une seconde fois de la mémoire des hommes,
jusqu'au temps où les Arabes étendirent leur
domination en Afrique et en Espagne. Cette
nation entreprenante, excitée par les louables
efforts des Califes Abassides, poussa sa navigation jusqu'au cap Blanc, s'il faut en croire
E Irisi, et ces vaisseaux arabes trafiquèrent avec
les îles Canaries, dont l'archipel fut appelé par
eux *Chaledat.*

Les auteurs mahométans sont les premiers qui
aient parlé des habitans de cet archipel : ils les
dépeignent avec cette exagération qui donne à
la vérité le masque de la fable, et qui ne permet
plus de la distinguer. Nous avons su depuis, par
les Espagnols, que ces habitans s'appeloient
Guanches; que leur langage ressemble à celui
des Maures de Barbarie, et que leurs mœurs ont
quelque rapport avec celles des Egyptiens, surtout quant à ce qui concerne la sépulture des
morts. Il y a lieu de croire que ces Guanches
tiroient leur origine des plus anciens peuples de
la Mauritanie, qui descendoient eux-mêmes des
Ethiopiens, et dont la race subsiste encore dans
les Berbères qui habitent les vallées du mont
Atlas. Les Guanches, devanciers des Carthaginois dans l'art de la navigation, s'étoient sans
doute dispersés dans les différens archipels de
l'Atlantique; mais aujourd'hui à peine reste-t-il
quelques individus de cette antique race, dont

toutes les générations subsistent encore, religieusement conservées et embaumées dans les grottes qui leur servent de tombeaux.

Les lumières acquises par les Arabes se perdirent une troisième fois, et les Européens ne songèrent à en profiter que vers le milieu du quatorzième siècle. Alors quelques vaisseaux partirent d'Espagne et de Gênes, pour marcher sur les traces des Arabes, et tenter de se rendre dans l'Inde par la mer d'Occident. Leur sort fut ignoré, et sans doute malheureux. Cependant d'autres navigateurs eurent probablement un meilleur succès, puisque les cartes de ce temps font mention des Canaries, de Madère, sous le nom d'*Isola di Legname*, et des Açores, sous celui d'*Antilia*; dans la persuasion où l'on étoit que ces dernières îles étoient situées en avant de la côte orientale de l'Inde qu'on étendoit jusques dans l'Océan atlantique, non loin des Açores.

Enfin, la boussole venoit d'être trouvée, et permettoit de se lancer dans la vaste mer, sans crainte de s'y égarer. Les Portugais, vainqueurs des Maures, parurent alors sur la scène du Monde, avec cet enthousiasme que donnent le fanatisme de la religion et la passion de la gloire. L'infant don Henri, animé du désir d'illustrer sa patrie, réunit auprès de sa personne tous les hommes de mérite que sa libéralité appeloit de toutes les parties de l'Europe. Ses sollicitudes se portèrent d'abord vers la navigation, tout à coup arrêtée, à la hauteur du cap Nunez, par l'effet d'une ancienne tradition qui présentoit, au-delà de cette barrière, l'aspect effrayant d'une multitude de monstres toujours prêts à dévorer ou à engloutir, dans les noirs abîmes d'une mer ténébreuse, les audacieux mortels qui oseroient la franchir.

Le prince Henri combattoit ces dangers imaginaires par des encouragemens et des récompenses. Après plusieurs tentatives inutiles, Gilianes parvient enfin à doubler ce cap menaçant ; Gonzalez Zarco et Tristan Vaz, en voulant concourir à cette glorieuse entreprise, sont poussés par la tempête sur les îles Madères, alors couvertes d'épaisses forêts : c'est là que don Henri asseoit la première colonie portugaise, dont les richesses égalèrent bientôt les travaux. Plusieurs Portugais abordent, vers le même temps, aux Açores, dont les anciens habitans, qui avoient disparu, furent remplacés par une population plus nombreuse et plus industrieuse.

L'inimitié qui régnoit entre les Portugais et les Maures, propagea la guerre jusqu'au-delà du cap Bojador. Après une victoire des chrétiens, les prisonniers mahométans furent rachetés par des esclaves noirs et de la poudre d'or. Ce butin, aussi riche que nouveau, parcourut en triomphe les rues de Lisbonne, et excita la cupidité de ses habitans. Aussitôt la mer se couvre de navires ; le Sénégal, la Guinée, les îles du cap Verd leur offrent de nouvelles richesses ; et en terminant sa glorieuse carrière, le prince Henri voit s'ouvrir déjà la route des Indes.

L'esprit de ce grand homme survit dans l'âme de tous les Portugais. Les rois excitent l'ardeur de leurs sujets, qui redoublent d'efforts pour atteindre le but désiré. Des forts sont construits sur toute la côte d'Afrique ; de la Guinée ils passent dans le Benin et le Congo, où les Missionnaires opèrent de nombreuses conversions. Mais Barthélemy Diaz, prêt à doubler le promontoire qui termine l'Afrique, est assailli d'une tempête furieuse qui le repousse de cette terre qu'il vouloit franchir. Alors les anciens préjugés se réveillent ; on voit encore une mer ténébreuse et des géans armés pour en défendre l'accès. Jean II régnoit en Portugal. Son génie aperçoit le terme de cette longue suite de périls et de travaux. Dans le cap des Tourmentes il voulut voir le cap de Bonne-Espérance, et Vasco de Gama justifia sa prédiction en surmontant cette barrière pour arriver dans les riches pays de l'Inde.

An 1484.

1486.

1497.

Dès ce moment le monde changea de face, et les grandes routes commerciales s'ouvrirent aux yeux de l'Europe étonnée. Les Portugais ayant établi leurs stations sur divers points de la côte qu'ils longeoient dans leur longue route, et principalement sur la côte de Mozambique, ne songèrent point à former des établissemens dans les îles éloignées du continent. En 1502, Jean de Hora, jeté par la tempête sur l'île Sainte-Hélène, y bâtit une chapelle en l'honneur de cette sainte, comme un monument de sa reconnoissance et du

danger qu'il avoit couru. Dans les années suivantes, quelques vaisseaux y relâchèrent, ainsi
qu'à l'Ascension, pour y profiter des secours
momentanés que fournissoient les tortues et les
oiseaux de mer, alors seuls habitans de ces îles
lointaines et stériles.

L'usurpation de Philippe II, roi d'Espagne,
fut le terme de la prospérité du Portugal. Les
Hollandais, devenus libres par les persécutions
de ce prince tyrannique, élevèrent, sur les vastes
ruines des colonies portugaises et espagnoles, un
empire maritime encore plus étendu et bien plus
sagement gouverné. L'île Sainte - Hélène leur
parut mériter quelque attention. Ils s'y établirent
vers la fin du quinzième siècle, et élevèrent
quelques cabanes autour de la chapelle bâtie par
les Portugais dans le même endroit où est aujourd'hui l'église de James-Town. Cet établissement ne subsistoit que de la pêche et ne fit aucun
progrès. Il n'y relâchoit que les vaisseaux qui
se rendoient au Brésil, ou qui faisoient le tour
du monde pour découvrir le monde austral.

Le système de construction navale adopté par
les peuples de la Hollande permettoit de se passer des secours qu'offrent les lieux de relâche.
Les flûtes hollandaises, fortes dans leur charpente
et leur doublage, munies de subsistances pour
plusieurs années, et montées par un équipage
peu nombreux, pouvoient tenir long-temps la
mer et braver, sans danger, les plus furieuses
tempêtes. Aussi, dans les commencemens de leur

commerce maritime, les Hollandais n'avoient point songé à établir ce système régulier de navigation qui unit toutes les colonies à la métropole par des liens réciproques et intermédiaires, et qui permet de combiner les opérations avec plus de méthode et de certitude.

L'idée de ce système ne leur vint qu'après qu'ils eurent renversé la puissance portugaise dans les Indes; et le cap de Bonne-Espérance, négligé par cette dernière, fut choisi par eux pour rattacher les colonies à la métropole. Ce plan, bien conçu et sagement exécuté, fut la principale cause de leur succès et la seule garantie de leur immense commerce. *An 1550.*

Cependant les Anglais profitoient en silence des connoissances de leurs voisins. Une compagnie des Indes orientales s'établit à Londres sur le modèle de celle d'Amsterdam. Son commerce ne fut dans l'origine qu'un monopole souvent accru par la piraterie. Tout ce que la Hollande négligeoit étoit mis à profit par l'Angleterre. En 1600 elle prit possession de l'île Sainte-Hélène, que les Hollandais venoient de quitter, et la colonie qu'elle y établit, reçut des encouragemens qui lui permirent de s'assurer une abondante subsistance dans une terre jusqu'alors stérile et déserte. Des plantations se firent avec succès dans l'intérieur de l'île; les colons accouroient dans la baie de James-Town, à l'époque où la flotte de la compagnie venoit y relâcher, et ils la fournissoient abondamment de tout ce qui lui étoit nécessaire. Les secours qu'ils recevoient en échange accroissoient annuellement les moyens d'industrie, et cette colonie devint la cause nécessaire des profits de l'Angleterre, et le nœud de son commerce dans les Indes.

Les Français, à leur tour, voulurent entrer en concurrence. L'île de Tristan-d'Acunha, située au sud de Sainte-Hélène par les trente-sept degrés de latitude, auroit pu leur fournir les mêmes ressources que Sainte-Hélène ; elle a des eaux courantes, un sol passablement fertile, et un climat aussi sain que tempéré. On y trouve une baie sûre et commode; la pêche y est abondante et offre même de grandes ressources pour la chasse des phoques et des cétacés. Mais la vivacité française nuit à l'industrie, et un travail assidu semble être incompatible avec notre caractère léger et inconstant. L'Anglais ne compte que sur l'avenir ; le Français ne voit que le présent. Le désir qui chez les autres nations se nourrit et se fortifie par l'espérance, s'éteint chez nous à mesure qu'il se prolonge, et la jouissance perd de son prix, lorsqu'au lieu de la conquérir brusquement, il faut l'acheter par de longs travaux.

L'établissement de relâche fut établi par la compagnie française, à la grande île de Madagascar, plus fertile à la vérité, mais plus mal située pour cette destination que ne l'est l'île Tristan-d'Acunha, qui est le sommet du triangle que forment les métropoles de l'Europe et les colonies de l'Inde, dans la ligne tracée par la circumnavigation de l'Afrique. Observons encore que les établissemens de relâche doivent n'avoir que cette seule destination, et que par conséquent il faut éviter de choisir des lieux dont les ressources dépassent les besoins qu'on en a; car dans le cas contraire, l'industrie des colons allant toujours croissant, change peu à peu la première destination, et leurs intérêts particuliers s'opposent à l'intérêt général du commerce.

. C'est ainsi que la colonie du cap de Bonne-Espérance, fondée uniquement pour faciliter le commerce des possessions hollandaises, leur fut véritablement utile tant qu'elle ne songea point à s'agrandir; mais lorsque par des concessions successives, elle s'étendit jusqu'aux limites de la Cafrerie, sa population s'accrut, les propriétaires ne songèrent plus à la mère-patrie qui s'épuisa pour ses enfans ingrats; et le nœud des relations, coupé dès cet instant, renversa le système commercial.

Au contraire, l'île Sainte-Hélène, circonscrite dans un petit espace, n'appeloit l'industrie que pour le plus grand avantage des fondateurs de la colonie. Les insulaires dans le plus haut degré de prospérité ne pouvoient se passer de la mère-patrie, et n'en devenoient que plus zélés à la servir. Aussi les Hollandais sentirent la faute qu'ils avoient commise en abandonnant cet établissement, et ils armèrent pour le reprendre. En 1673 une flotte vint aborder à la baie de La Chapelle, et s'empara sans difficulté d'un établissement qu'on avoit rendu utile sans songer à sa défense. Toute autre puissance auroit attaché peu d'importance à la possession d'un rocher perdu dans l'immensité des mers. Mais l'Angleterre fondoit sur ce rocher l'édifice du vaste commerce qu'elle projetoit de s'approprier depuis long-temps. C'étoit dans ces parages stériles qu'elle avoit jeté l'ancre d'espérance pour fixer l'inconstant avenir. Elle suspendit toutes ses opérations, elle quitta tout pour ravoir cette colonie dont la moitié de l'Europe connoissoit à peine l'existence. Dans la même année et avant que les Hollandais eussent pu fortifier leur conquête, le capitaine Munden part d'Angleterre avec des forces considérables, sans qu'il eut rien percé de sa destination. Le secret a toujours été le grand moyen employé par le commerce anglais ; c'est à lui qu'il doit tous ses succès. Le conseil de l'amirauté, comme le tribunal de l'inquisition, s'assemble dans les ténèbres, s'entoure d'espions et agit dans le silence. Il ne pose jamais qu'une seule question : *Telle entreprise est-elle utile ?* Si elle l'est, elle devient nécessaire ; alors aucune considération divine ou humaine ne peut en suspendre l'exécution ; persuadé de cette maxime, que les fautes seules sont des crimes en politique. L'expédition de Copenhague a assez prouvé la vérité de cette maxime et la sagesse de leur conduite.

Munden surprit dans la baie de Sainte-Hélène

trois vaisseaux hollandais de la compagnie des Indes; il s'en empara, et la colonie retourna à ses anciens maîtres. Aussitôt Munden reçoit de la mère-patrie des munitions abondantes, des ouvriers dans tous les genres, et des moyens nombreux pour fortifier sa conquête. Une forteresse est bâtie sur le cap oriental pour défendre l'entrée de la rade; des batteries s'élèvent des deux côtés de la baie et assurent le mouillage; une ville est fondée sur le roc; on l'entoure de fortifications, on l'orne de beaux édifices, et on y rassemble dans d'immenses magasins tout ce qui est nécessaire à l'entretien et à la sûreté de la colonie. Trois cents familles y sont transportées d'Angleterre pour accroître les forces et l'industrie de l'établissement. Rassurée alors sur le sort de cette colonie dont elle a calculé toute l'importance, l'Angleterre poursuit avec calme le grand projet qu'elle a nourri dans son sein d'élever sa puissance sur les ruines de toutes les autres; et le rocher de Sainte-Hélène est à ses yeux un gage assuré de sa domination universelle.

Ce qu'elle exécuta alors dans le vaste océan, elle le mit depuis en pratique dans toutes les mers. Gibraltar lui assura la communication avec la Méditerranée; les Bermudes négligées de tous les navigateurs, lui fournirent une station commode sur la route d'Amérique; Terre-Neuve et l'Acadie lui garantirent la pêche de la morue; les forts de la baie d'Hudson la rendirent maîtresse du commerce des fourrures; et dans ces

derniers temps, toujours fidèle à son ancien système, elle l'opposa seul aux systèmes nouveaux ;
et pour détruire le blocus continental, elle n'eut
besoin que d'ajouter à ses possessions la petite
île de Malte et l'écueil d'Ugoland dont elle fit
des lieux d'entrepôts destinés à fournir les mar-
chés de la Méditerranée et de la Baltique.

Ainsi, tandis que les rois du continent tendent
sans cesse à étendre le territoire de leurs Etats,
et se livrent des guerres continuelles qui les
épuisent tour à tour, l'Angleterre ne vise qu'à
agrandir son commerce et à le rendre universel.
Le moyen qu'elle emploie pour y parvenir, con-
siste à avoir dans toutes les mers, dans tous les
parages, des points de station qui puissent servir
de relâche ou d'entrepôt à ses vaisseaux et à ses
marchandises. Ce sont des hôtelleries placées de
distance en distance sur les grandes routes commerciales. La nature avoit marqué leur place
sur des rochers ; toutes les nations de l'Europe
les ont vues et les ont dédaignées ; l'Angleterre
seule a deviné leur destination et n'a rien épargné
pour l'accomplir.

La grande exploitation commerciale pour les
Anglais, se fait dans le Bengale et dans les immenses possessions de l'Inde ; les autres établissemens ne sont que des moyens additionnels et
complémentaires. On pourroit dire que les marchandises de l'Inde sont de *fonds*, et que «elles
des autres pays sont d'*assortiment*. L'Angleterre
gagne toujours sur les premières, et perd sou-

vent sur les secondes ; mais dans la balance générale les profits sont immenses, et elle se garde bien d'abandonner un seul de ses établissemens quand même il lui deviendroit onéreux, parce qu'en embrassant tout, elle interdit la concurrence aux autres nations de la terre.

Ces considérations peuvent faire juger de l'importance de l'île de Sainte-Hélène ; aussi le gouvernement a dépensé des sommes exorbitantes pour s'en assurer à jamais la possession. Cette île étoit tellement destinée à servir de lieu de relâche, que les navigateurs de l'Inde la désignent sous le nom d'*Hôtellerie des Mariniers* ; sans elle, tout le commerce des Indes tomberoit. Elle a été la première cause de sa prospérité ; avec elle, les Anglais ont trouvé tout facile ; sans elle, les autres nations n'ont rencontré que des obstacles.

La Hollande et la France avoient destiné aux mêmes usages le cap de Bonne-Espérance et l'Isle-de-France ; mais ces deux colonies offroient plusieurs inconvéniens. En premier lieu, leur situation n'est pas aussi favorable, car la navigation de l'océan atlantique est infiniment plus longue et plus difficile que celle de la mer des Indes ; quand les vaisseaux d'Europe ont doublé le cap de Bonne-Espérance, ils sont en quelque sorte certains du jour de leur arrivée, à cause des vents moussons, dont la force et la direction sont connues et ne varient jamais. Quant à ceux qui viennent de l'Inde, l'obstacle est en sens contraire ; de sorte que dans les deux cas, la relâche ne remplit point le but désiré.

En second lieu, la station n'est pas aussi commode ni l'air aussi sain qu'à Sainte-Hélène ; au Cap on éprouve des tempêtes terribles, qui souvent ont englouti les vaisseaux dans la rade ; à l'Isle-de-France on n'est pas à l'abri des ouragans, et les approches de l'île ne sont pas sans danger. Dans ces deux établissemens, le climat est sujet à de grandes variations, et l'atmosphère est souvent chargée de brouillards ; enfin, par leur étendue, leur fertilité et leur grande population, le Cap et l'Isle-de-France sont des colonies importantes qui doivent entrer dans le commerce de la mère-patrie, et qui, par conséquent dépassent le but de leur destination primitive.

Cependant les Anglais s'en sont emparés dans ces derniers temps, et ne paroissent pas disposés à les rendre. D'abord ils avoient négligé l'île Sainte-Hélène pour le cap de Bonne-Espérance, qui au premier coup d'œil paroît offrir une relâche plus commode. Mais la compagnie des Indes paroît être revenue depuis à son ancien système, et elle a de nouveau tourné son attention vers l'île Sainte-Hélène. Il est à peu près certain que cette île reprendra sa première destination, et que le Cap et l'Isle-de-France seront considérés comme des possessions susceptibles de fournir à la masse du commerce des exportations considérables et lucratives ; conséquemment si l'Angleterre se décide à les garder, elle encouragera l'agriculture, et tâchera d'augmenter les produits territoriaux. Elle exploitera ces nouvelles conquêtes comme ses autres possessions de l'Inde ; et c'est ce qu'elle a déjà fait au cap de Bonne-Espérance, où elle cherche à agrandir le territoire, et où elle a établi un genre d'administration convenable à une colonie agricole.

D'après ce que je viens de dire, il est évident que l'équilibre commercial est entièrement détruit dans les Indes orientales, et que l'Angleterre seule, par le moyen de Sainte-Hélène, lie toutes les parties de son système : quand même les autres puissances rentreroient dans leurs anciennes possessions, cet état dé choses ne changeroit point. Si la France avoit, dans le temps, fait à l'île Tristan-d'Acunha les mêmes travaux que l'Angleterre a faits à Sainte-Hélène, peut-être soutiendroit-elle encore la concurrence ; mais aujourd'hui il n'est plus temps, et je me trompe fort, ou les Anglais toujours prévoyans, établiront dans cette île déserte des cabanes de pêcheurs, afin d'en prendre possession, et d'avoir le droit d'en écarter les autres peuples.

Maintenant un grand événement politique fixe sur ces contrées les regards de l'Europe. Buonaparte naguère maître du monde, va être exilé et détenu sur le rocher de Sainte-Hélène. Examinons d'abord si l'on doit ajouter foi à cet exil.

A ne considérer la question que sous le rapport

du droit, cet illustre coupable n'appartient pas
à l'Angleterre, mais à toute l'Europe. Je demande si un criminel, condamné par un tribunal,
peut trouver un refuge et une sauve-garde dans
la maison d'un des juges de ce même tribunal,
et si ce juge, en envoyant dans une de ses propriétés ce criminel qui s'est jeté dans ses bras,
ne trahit pas la confiance dont il est investi et
les devoirs que sa charge lui impose? Ce cas est
arrivé quelquefois, et toujours lorsque le juge
avoit un intérêt particulier opposé à l'intérêt général. Il est vrai qu'on pourroit dire que ce
même juge avoit, en secret, l'autorisation de ses
confrères. Alors, je trouve que le public est
victime de ceux qui veillent à sa sûreté, et que
l'état social est le seul lesé dans cette affaire.

A tout cela, les défenseurs des droits sacrés
de l'hospitalité opposeront que l'on ne peut livrer
à la justice un coupable qui vient chercher un
asile sous un toit protecteur; et moi, je répondrai
à cette objection philantropique, par un trait
que j'ai lu dans je ne sais quel auteur espagnol:
Un homme rentre de nuit dans sa maison. Il
entend un cliquetis d'armes; en ouvrant sa porte,
un individu se présente tenant une épée san-
glante dans ses mains et lui demande un asile,
s'avouant coupable d'avoir tué un ennemi en
duel. Il est reçu. Quelques instans après, on
apporte un homme mourant; c'est le fils du
maître de la maison. Le père a chez lui l'assassin
de son fils. Il ne balance point entre le désir de

la vengeance et les devoirs de l'hospitalité. Lui-
même il écarte la main de la justice. Mais quand
le danger est passé, ce malheureux père ouvre
les portes de sa maison à celui qui a détruit
toutes ses espérances, et en le relançant dans
la société, il ne s'interdit plus les moyens de pour-
suivre un meurtrier.

Je laisse à juger de l'application. En matière
de procès, c'est trop s'appesantir sur le droit. Il
est rare que sa raison soit la meilleure. Il est
aujourd'hui plus que certain que Buonaparte ne
sera pas livré au glaive des lois. Il ne l'est pas
autant qu'il aille à Sainte-Hélène. Quand les
Anglais mettent de l'affectation à publier leurs
projets, c'est presque un sûr indice qu'ils ne seront
pas mis à exécution. Chercher à pénétrer un
mystère qu'ils nous cachent, c'est inutile, et
peut-être imprudent. Il y en a qui assurent que
Buonaparte se refuse à ce voyage, et que si on
l'y force, il mettra fin à ses jours. C'est bien mal
connoître l'homme.

Comme nous sommes réduits à juger sur les
apparences, nous devons croire aux nouvelles
qu'on veut bien nous communiquer, et examiner
de bonne foi quels peuvent être les motifs de la
conduite des Anglais, et le sort qui est réservé
au coupable.

Si l'intention de l'Angleterre est de séparer,
pour toujours, du monde celui qui ne s'y est
montré que pour en troubler horriblement la paix
et l'harmonie, aucun lieu de la terre ne pouvoit

être mieux choisi pour cette destination. C'est à tel point que lors même que Buonaparte y seroit libre, il n'en seroit pas moins dans l'impossibilité d'en sortir. Ce lieu d'exil, qui a d'assez grands rapports statistiques avec l'île d'Elbe, puisque sa surface et sa population sont à peu près semblables, ne peut aucunement lui être comparé sous le rapport de la situation géographique. L'île d'Elbe touche presque les rivages de l'Italie ; à l'aide d'un vent d'est très-fort et très-commun dans ces parages, on peut être rendu sur les côtes de la Provence en quelques heures ; la croisière la plus vigilante ne sauroit mettre obstacle aux communications, ni par conséquent répondre des exilés confiés à sa garde. Le lieu étoit donc mal choisi, et les derniers événemens l'ont assez prouvé.

Mais l'île Sainte-Hélène n'offre aucun de ces inconvéniens. Placée comme une vigie au-dessus du grand Océan, elle ne voit autour d'elle qu'une immense plage aquatique, et tout accès avec le continent semble être interdit aux habitans de cet écueil. Supposons, pour un moment, que Buonaparte soit souverain à l'île Sainte-Hélène comme il l'étoit à l'île d'Elbe ; admettons qu'il y soit reçu en triomphe, et que son langage incendiaire entraîne les hommes simples et bons de cette terre hospitalière ; qu'il s'enrichisse des *droits réunis* imposés par ses décrets aux vaisseaux forcés de relâcher sur les côtes de son empire ; qu'il augmente ses trésors, en organisant le brigandage et la piraterie ; qu'enfin , la *cons-cription* fasse le noyau d'une armée qui s'accroîtroit encore des esclaves de l'Afrique, auxquels sa magnanimité offriroit un asile ; eh bien ! Buonaparte ne seroit encore qu'un chef de flibustiers ; il pourroit porter le ravage dans quelques colonies , et c'est à quoi se borneroient ses exploits, dont la fin dernière seroit un supplice ignominieux.

J'ai ouï dire à quelques personnes, qui ont voyagé dans le Levant, que si Buonaparte au lieu de se diriger, avec sa petite armée, sur les côtes de France, s'étoit rendu sur celles de Barbarie, il auroit certainement soumis quelques villes maures, et que son parti grossissant chaque jour, il seroit parvenu à mettre sur sa tête la triple couronne de Maroc, de Fez et de Miquenez. Alors, son ambition auroit été flattée des titres fastueux que prennent les souverains de l'Orient. Dans un pays où le sang coule sans interruption, qui se seroit jamais avisé de blâmer la tyrannie ? Tous les actes émanés de l'autorité suprême auroient été justifiés d'avance par cette formule d'usage qui les précède : *Salut à quiconque suit la droite voie.*

Ah ! plût au ciel que cette pensée eût guidé ses pas, la France seroit heureuse et tranquille ; et que lui importeroit que les Maures d'Afrique fussent gouvernés par les descendans de Barberousse ou par ceux de Napoléon ? Qu'il aille donc , j'y consens, déposséder les Rois du Sénégal ou de la Guinée ! Qu'à la tête des Cafres et des Hottentots il ravage les déserts de l'Afrique ! Un tel souverain est fait pour de tels sujets ; ignoré de nous, il pourra conquérir tout à son aise, et satisfaire l'ambition insatiable dont il est dévoré.

Mais cet espoir même lui est à jamais interdit. Buonaparte n'est plus souverain. Il est conduit, comme un prisonnier d'Etat, dans la forteresse qui domine la rade de Sainte-Hélène. Là, son passe-temps sera de braquer sa lunette sur les mers d'alentour et sur les rochers de l'île. D'empereur mort, devenu télégraphe vivant, il verra passer les vaisseaux qui trafiquent paisiblement dans les deux Mondes ; il verra des sites enchanteurs, des jardins toujours productifs ; des hommes toujours heureux ; et, comme Tantale, le bonheur qui le touche accroîtra son infortune. Ah ! si telle doit être son existence, que l'humanité, qu'il outragea, soit satisfaite, et qu'elle cesse de demander sa mort. La justice la plus sévère, la vengeance la plus raffinée, pouvoient-elles faire choix d'un supplice plus rigoureux !

N'importe, dira-t-on, il y résistera ; non par la trempe forte de son âme, mais par l'espoir de voir finir un jour son tourment ! Ne sait-on pas que celui qui a brisé tous les préjugés, conserve le plus ridicule de tous, celui de l'astrologie, et que ; se confiant dans son étoile, il se persuade qu'un jour il sera le maître du Monde, en dépit de la nature et des hommes ? Et qui assurera que les soldats commis à sa garde ne se laisseront pas corrompre? si la politique un jour ne brisera pas les chaînes dont elle-même l'a chargé? si les élémens en courroux ne s'apaiseront pas pour respecter le navire qui le ramènera sur nos côtes, où de nombreux complices sont toujours prêts à le recevoir?

Je veux croire que ces craintes ont quelque fondement; mais quel Français seroit encore la dupe d'un homme qui a épuisé toutes les bassesses; d'un homme qui, au milieu des plus braves soldats, a montré la plus insigne lâcheté; d'un homme enfin devenu un objet d'horreur pour toutes les classes de citoyens!

O Français! cessons de nous occuper de lui. Ceux mêmes qui prononcent encore le nom de Buonaparte sont loin d'être ses amis. Ce sont des conspirateurs que leur chef a lâchement abandonnés et exposés à la vengeance des lois. Ils se remuent, ils s'agitent, pour se soustraire à cette vengeance; ils ont besoin d'un point de rallie- ment pour se rendre redoutables. En affectant d'exalter Catilina, ils ne veulent qu'effrayer par la terreur de son nom; et dans le fond de leur cœur, ils le désignent comme la première vic- time de leur rage. Leurs cris, leurs vociférations ne tendent qu'à fomenter des troubles, afin d'aug- menter le nombre des coupables, et dans l'espoir de se cacher dans la foule; mais la haine pu- blique et l'exécration s'attachent à leurs pas; et si la clémence veut les oublier, qu'ils tremblent, en épuisant ses trésors, de la voir remplacer par la justice !

Et vous, sujets fidèles qui, dans votre indignation, quittâtes comme moi le sol de la patrie pour partager l'exil de notre légitime souverain, je vous ai vu dans les alarmes, lorsque le mot de *pardon* a été prononcé une seconde fois. J'en ai gémi avec vous : j'ai fait plus ; j'en ai murmuré, et je me suis lassé d'être constamment victime depuis vingt-cinq ans. Cependant, j'ai réfléchi, et dans le tumulte de mes passions, long-temps comprimées, je me suis dit : la France n'étoit-elle pas heureuse depuis le retour de Louis-le-Désiré ? Ne commençoit-elle pas déjà à recueillir le fruit des sages intentions du meilleur des Rois ? Qui a détruit ce bonheur ? qui a renversé nos espérances ? n'est-ce pas l'arrivée de cet homme exécrable, dont la fausse gloire avoit laissé parmi nous quelques traces de souvenir ? Il étoit alors près de la France ; on ne surveilloit point assez sa conduite ; il lui restoit des partisans parmi les cohortes du prétoire qu'il égaroit, en leur donnant le nom de défenseurs de la patrie : mais aujourd'hui, ce même homme est exilé aux confins de la terre ; il y est gardé comme un criminel ; ses mensonges, sa lâcheté, je dirai même son ineptie, ont détaché de lui jusqu'à ceux qu'il avoit comblés de ses largesses. Qu'avons-nous donc à craindre ? Convenons que l'impatience et l'impétuosité de notre nation sont les seuls et les plus redoutables ennemis de son bonheur.

Après la restauration, le système de gouvernement adopté par Sa Majesté a produit, dans un court espace, les effets les plus salutaires. Il est donc essentiellement sage, bon et efficace. L cause qui en a suspendu les bienfaits ne subsiste plus. Pourquoi vouloir repousser un système qui n'a plus à redouter une funeste influence? Non, Français, croyez-moi, soyez modérés dans vos désirs; laissez agir une fois, une seule fois, sur votre âme ardente, l'empire du temps et le calme de la raison. A son retour de Gand, le Roi n'a trouvé partout que des obstacles, non dans le cœur de ses sujets, mais dans les malheurs de la patrie. Comme un père de famille, il ne songe qu'à lever peu à peu ces obstacles, sans chercher à punir ceux qui les ont accumulés sur le patrimoine de ses pères. Il remédie au mal, avant d'en rechercher les auteurs. Ne doit-il pas s'occuper, avant tout, de la subsistance de ses enfans? et ses enfans osent se plaindre des tendres sollicitudes dont ils sont l'unique objet !

Que les Français se rendent au moins cette justice, qu'ils ne sont malheureux que depuis ce fatal instant où ils ont voulu se gouverner eux-mêmes. Efforçons-nous d'attendre, et nous serons heureux. Oui, nous le serons un peu plus tard peut-être que la première fois; et plus nous voudrons hâter ce moment, plus nous le reculerons. Chaque fois que nous avons voulu voler de nos propres ailes, nous sommes tombés de chute en chute. Toujours nous fûmes les artisans de nos

malheurs. Plus de passions, plus de réminis-
cences; et surtout, sachons nous garantir du
funeste orgüeil de vouloir donner des leçons aux
Rois. Apprenons ce que la révolution nous a fait
oublier. Qu'une obéissance passive et légitime
envers notre père, lui laisse l'entière faculté de
travailler constamment et efficacement à notre
félicité. Bientôt des vœux de reconnoissance s'é-
lèveront de toutes parts; et la France, riche
de son industrie, et forte de l'union de ses nombreux habitans, reprendra, parmi les nations de
l'Europe, le rang qu'elle a perdu pour vouloir
follement le dépasser, et cette antique gloire
qu'elle a compromise par des excès dont heureu-
sement un étranger demeure seul coupable aux
yeux de la postérité!

FIN.

www.ingramcontent.com/pod-product-compliance
Lightning Source LLC
Chambersburg PA
CBHW051728050726
47598CB00003B/1097